DES CONSÉQUENCES

DE LA

RÉVOLUTION DE FÉVRIER

ET DE

L'ATTITUDE DU PARTI LÉGITIMISTE

EN FACE DE CETTE RÉVODUTION

DES CONSÉQUENCES

DE LA

RÉVOLUTION DE FÉVRIER

ET DE L'ATTITUDE

DU PARTI LÉGITIMISTE

EN FACE DE CETTE RÉVOLUTION

Par M. A. De Senevoy

PARIS

IMPRIMERIE DE GUIRAUDET ET JOUAUST,

RUE SAINT-HONORÉ, 338.

—

1851

AVANT-PROPOS.

Le lecteur n'a pas à craindre une longue préface, car, à défaut d'autre mérite, j'aurai du moins celui d'être court ; seulement je crois devoir préciser par quelques mots le but que je voudrais atteindre.

Dire qu'une grande partie de mes réflexions s'adresse aux légitimistes et repose sur la ligne qu'une portion notable d'entre eux a cru devoir suivre serait inutile, car le fait se prouvera de lui-même.

Mais je ne me dissimule pas que, dans l'examen rapide des modifications sociales et politiques engendrées par la révolution de février, je 'mettrai souvent en scène une classe de la société toute puissante la veille du 24 février, et jouissant encore à cette heure d'une grande influence.

Cette influence, si elle existe dans de certaines con-

ditions, devient naturelle ; elle se justifie par les lumières et la valeur de ceux qui constituent cette partie du
tout social, parce qu'alors elle est en quelque sorte
proportionnelle ; mais une tendance à une prédominance exclusive serait moins juste et moins bien mo-
tivée.

Je sais que la vérité la plus palpable, proclamée par
la voix la plus imposante, aurait de la peine à se faire
accepter si elle disait à un homme isolé ou à plusieurs
hommes réunis : Votre puissance est trop grande, con-
sentez à la voir diminuer ; votre part est trop forte,
souffrez qu'elle soit réduite.

Que restera-t-il donc pour une idée juste (je le crois
du moins), mais qui cependant peut paraître contestable à plusieurs individus, idée soutenue seulement par
la bonne foi et la conviction profonde de celui qui la
met en avant ?

Mais une opinion cesse-t-elle de renfermer une utilité
possible parce qu'elle ne répond pas aux impressions
momentanées de ceux à qui elle s'adresse ?

Ne peut-on pas compter assez sur l'indépendance et le patriotisme de la bourgeoisie pour croire que, dans des temps difficiles comme les nôtres elle comprendra que chacun doit dire la vérité telle qu'elle lui apparaît ?

Ne peut-on pas admettre qu'elle reconnaîtra la franchise des opinions émises dans cet écrit, lorsqu'elle verra cette même franchise aller chercher sans hésitation des amis politiques qui, tout en différant sur les moyens, ont la même foi et le même but que celui qui trace ces lignes ?

Ne sera-t-il pas évident que mes réflexions s'adressent au milieu dans lequel cet élément social se développe, et non aux individus qui le composent ?

Cela est si vrai que tout homme voulant traiter une question de cette nature pourra s'attaquer à un corps de doctrines, à un courant d'idées, mais il ne saurait atteindre la pensée intime des individus.

Avec l'abolition de tous les priviléges, avec l'égalité des droits de chacun, au point de vue politique et social de la France actuelle, qui pourra dire où est le noble, où est le bourgeois, et même l'homme du peuple?

Aussi ce mot de *classes*, employé encore dans le langage quotidien, sert à personnifier un système, à faciliter l'intelligence du discours; mais il ne présente pas une idée réelle dans la constitution présente de la nation française.

DES CONSÉQUENCES

DE LA

RÉVOLUTION DE FÉVRIER

ET DE

L'ATTITUDE DU PARTI LÉGITIMISTE

EN FACE DE CETTE RÉVOLUTION.

J'avais écrit peu de temps après le 24 février une brochure que je regrette maintenant de n'avoir pas livrée au public.

Mais en dehors des conditions d'insuccès que cette brochure pouvait porter avec elle, il y avait à ce moment une telle fermentation sur la place publique, les situations renfermaient une telle mobilité, les impressions subissaient une telle variation, qu'une méditation calme, appuyée sur des appréciations générales, ne pouvait avoir action sur les esprits, modifiés heure par heure dans leurs sensations par les clameurs de la rue ou par le grondement précurseur de l'émeute.

Et cependant, bonnes ou mauvaises, vraies ou fausses, les idées que j'émettais empruntaient alors aux circonstances une autorité qu'elles n'ont plus aujourd'hui. Il était plus utile d'indiquer la marche qui semblait bonne à suivre un mois ou deux après la révolution que de venir près de quatre ans après cette révolution constater les erreurs de la ligne qui a été suivie.

Seulement les faits consommés, et l'expérience qui en devient la conséquence, me confirment plus que jamais dans les idées qui fondaient alors mon opinion. Ce qui n'était à cette époque qu'une simple appréciation et une espèce de pressentiment est devenu pour moi une vérite sanctionnée par les résultats.

Comme je le pensais alors, je le répéterai aujourd'hui :

jamais une révolution n'arrive sans qu'une cause se soit trouvée pour la produire, sans que des conséquences restent à en tirer pour l'avenir. Il y avait donc une cause à trouver dans la révolution de Février, il y avait aussi des conséquences à en déduire, si l'on voulait comprendre le mouvement qui se manifestait et être en mesure de le diriger. Si l'on écarte les cas exceptionnels qui sont le secret de la Providence et qui échappent au regard de l'humanité, la solution sera plus ou moins prompte, plus ou moins heureuse, suivant le degré d'intelligence et de pénétration employé à en saisir le sens, à en découvrir la signification.

Les vices originels du gouvernement de Juillet et ses germes de mort ne devaient pas être pour les légitimistes difficiles à constater : leur foi politique suffisait à les leur indiquer. Pendant ces longues années de l'usurpation triomphante, nous avons entendu des voix assez nombreuses et assez éloquentes désigner l'écueil contre lequel le vaisseau de l'état viendrait se briser.

Mais le lendemain d'une commotion violente, saisi

que l'on est par ce que le fait a eu de précipité et d'in-
attendu dans la forme, on se prend à être étonné de la
défaite de ceux-là mêmes à qui ont avait prédit leur
sort, et l'on perd la netteté de son jugement, la fer-
meté de ses aperçus.

Je ne dirai pas que le lendemain du 24 février, la
situation dût ou pût paraître rassurante à qui que ce fût,
je mentirais à mes propres impressions, que j'ai encore
très presentes.

Comme bien d'autres qui l'ont dit, et qui depuis
l'ont oublié, je voyais dans les événements survenus
un acte de justice permis par la Providence ; mais je
voyais aussi une situation très grave pour tous, le
spectacle d'une anarchie dont on constatait le commen-
cent, dont il était plus difficile de préciser la fin. A une
perturbation morale facile à saisir pour tous les yeux un
peu attentifs depuis 1830, je voyais succéder un ébranlement social immense, ébranlement qui devait fatalement se produire le jour où s'écroulait subitement le
rempart matériel élevé contre le débordement des passions ravivées à cette date de 1830?

De tout ce qui précède je ne prétends tirer qu'une conséquence, et la voici : c'est que parmi tous les hommes qui assistaient à ce spectacle d'une société semblant tomber en dissolution, ceux qui devaient être le moins étonnés, ceux qui devaient le mieux indiquer les causes de sa chute, et, comme conséquences, les remèdes, étaient assurément ceux qui depuis dix-huit ans annonçaient que le gouvernement tomberait et pourquoi il tomberait.

Mais, dira-t-on, la situation était bien grave et les circonstances bien difficiles ! Qui prétend le contraire ? Qui aurait la sotte présomption de venir trois ans après contester cette vérité ?

Est-ce une raison pour admettre que les hommes, qui après tout n'ont pas intérêt comme amour-propre à ravaler la force matérielle d'un gouvernement qu'ils ont subi dix-huit ans, aient pu croire qu'ils passeraient par une pente douce et insensible des décombres de ce gouvernement à la restauration de la légitimité, et qu'en vingt-quatre heures ils seraient transportés par miracle du dernier anneau de l'analyse au premier anneau de la synthèse.

Ils devaient donc sans pouvoir préciser l'heure, le jour, la forme ou la durée, avoir prévu que l'instant arriverait où l'édifice craquerait de toutes parts, où le navire ferait eau de tous côtés; ils devaient plus que d'autres aussi être édifiés sur les causes de ce désastre prévu et annoncé par eux, plus que d'autres enfin armés de remèdes efficaces pour réparer les avaries du naufrage.

Pour moi qui ne suis pas un grand politique, qui n'ai jamais été mêlé à aucune fonction élective, mais qui comme bien d'autres m'intéressais vivement au salut de mon pays, depuis l'acte qui avait frappé ma première jeunesse en 1830, je cherchais à lire attentivement dans ce drame politique dont la première scène remonte à soixante ans.

Sous l'influence de cette lecture saisissante, j'ai trouvé les événements de 1848 très graves et très importants; mais je me suis rappelé ce que moi et tant d'autres disions la veille.

Quand depuis dix-huit ans j'entendais dire et je disais moi-même : Quoi qu'il fasse, ce gouvernement ne pourra lutter contre le germe révolutionnaire qu'il porte dans son sein; quand depuis dix ans j'entendais dire, je disais et même j'écrivais que Louis-Philippe, en exagérant la force de son système gouvernementale, en s'appuyant d'une manière trop exclusive sur la bourgeoisie, trouverait la mort dans l'exagération apportée à son principe de vie; quand depuis trois ans j'entendais dire, je disais et j'écrivais que le spectacle scandaleux d'un agiotage sans pudeur activait la vengeance populaire, je ne discuterai pas sur l'étonnement qu'ont pu causer à moi et aux autres l'heure et la forme si subite de l'écroulement; mais je dirai : une surprise de détail aurait-elle dû engendrer une surprise générale absolue et sans terme?

Je sentais bien ce qui pouvait lutter avantageusement contre un principe révolutionnaire qui n'avait pu vivre en dépit du talent et de la capacité de ses défenseurs; mais il n'appartenait à personne que je sache d'imposer

en vingt-quatre heures à la France la foi en la légitimité. Ce que je croyais comprendre, c'est que, si une
des causes les plus actives de la chute du dernier règne
avait été la prépondérance trop exclusive accordée à la
classe moyenne, l'excès de l'erreur indiquait la nature
du remède.

Si cette manière de comprendre la révolution de
février est la vraie, et je le crois ainsi, la marche à
suivre était indiquée par la nature des choses. En ac-
ceptant dans les chambres le fait matériel, puisqu'on
n'était pas en mesure de s'y soustraire, dire que, si
on était effrayé de l'expérience de ce fait comme
malheurs possibles pour la France, on ne l'était nulle-
ment du succès de la théorie mise en pratique, puis
surtout ne pas oublier dans l'ordre moral de protester
plus que jamais en faveur du principe de la légitimité
et de le déclarer plus que jamais aussi nécessaire au
salut de la France.

Dans la pratique de chaque jour, avoir pour les membres du parti vaincu tous les égards personnels, ne pas
assourdir leurs oreilles de ses prophéties triomphantes,

ne pas leur mettre à chaque instant leur défaite et les causes de cette défaite sous les yeux, ce qui n'eût été ni noble ni généreux; mais, cela fait et les égards personnels entièrement satisfaits, montrer à la France l'ampleur du principe héréditaire et son élasticité possible, la base une fois acceptée; attirer à soi la partie saine et généreuse de l'élément populaire par la netteté de ses déclarations, par le souvenir des antiques franchises de la nation, par la ferme volonté d'accepter sans réticence les sages conséquences de la marche du temps.

En agissant ainsi, la ligne était droite et intelligente, honorable et vraie dans tous les cas, et le succès n'était pas impossible.

Cet élément populaire ainsi attiré devenait une force ascendante, qui, fermement et honnêtement dirigée, aurait inspiré quelques réflexions à la classe moyenne, et l'aurait amenée, en vertu de son intérêt, à une transaction nécessaire que n'obtiendra jamais une générosité qui frise la duperie, ou une humilité qui accuse la faiblesse.

Si, par exemple, un de ces orateurs sachant faire vibrer leur voix sonore aux deux extrémités de la France était venu dire : Depuis soixante ans vous faites penser et parler le peuple en prétendant que vous possédez son dernier mot. Êtes-vous bien sûrs que votre prétention soit fondée? Êtes-vous bien sûrs que vous ayez sérieusement consulté le pays dans la véritable profondeur de ses entrailles ? S'il en est ainsi, que craignez-vous? Faites parler de sa vraie voix ce peuple que vous nous jetez toujours à la tête comme la force motrice et approbative de toutes vos actions; appelez-en à son sens intime, et nous verrons alors s'il ratifiera ce que vous nommez sa pensée véritable, et ce que nous nommons nous une traduction perfide et ambitieuse de son opinion réelle. Quand il aura répondu, nous verrons si cette France aux souvenirs si nobles et si majestueux, à l'âme si ardente et si progressive, est à tout jamais voltairienne et matérialiste, et si après tout l'âme de cette nation n'est pas, parmi toutes les nations de l'Europe, la plus catholique dans le fond de son essence et de sa nature.

Pourquoi l'esprit, pourquoi l'intelligence exclusivement appliquée à la matière, se font-ils plus sentir dans notre société que cette partie morale des sensations nobles et élevées ? Pourquoi ? Parce que depuis long-temps déjà on subit l'influence prépondérante de la classe moyenne, exclusivement soucieuse du dévelop-pement des intérêts matériels, méconnaissant dans les restes épars de l'ancienne noblesse le souvenir encore vivant des antiques splendeurs de la France, écartant le peuple, expression de sensations mobiles et souvent funestes, mais souvent, aussi, généreuses, et qui de-viendraient fécondes si elles étaient réglées.

Voilà ce qu'un de ces puissants orateurs aurait pû dire, d'une voix plus éloquente sans doute et sous une forme plus saisissante, mais en s'appuyant sur ce ter-rain fertile. Il pouvait devenir ainsi l'ardent promoteur d'un mouvement qui, faisant marcher concurremment la rénovation sociale et la restauration politique, aurait réagi contre le trop-plein de l'influence bourgeoise, et régularisé l'action populaire en l'appelant à la coopéra-tion d'une distribution plus juste et plus égale des for-ces sociales dans leurs attributions respectives.

Lé milieu de la société se trouvait par là même amélioré, car l'ère des calculs faisait place à l'ère des sentiments, le voltairianisme au catholicisme, et mille intérêts individuels à un intérêt plus collectif et plus général.

Car le sentiment ne détruit pas la puissance d'un sage calcul, mais il en empêche la domination exclusive ; il ne fait pas de la vie pratique d'un peuple une existence chimérique, sans base et sans application, mais il ôte au positif son matérialisme desséchant.

Il fait passer l'âme d'un grand peuple avant son esprit ; il fait passer ce qui est noble et généreux avant ce qui est habile, mais souvent mesquin ; il empêche, secouru qu'il est presque toujours par la foi, l'esprit de l'homme, surexcité dans son audace comme dans sa présomption, de s'enivrer de lui-même et d'en arriver à cet affranchissement de tous liens moraux qui place l'homme et son orgueil au dessus de tout, au dessus de Dieu même, dont alors la vengence doit tôt ou tard éclater.

Au reste, ce qui frappe comme ensemble et comme

résultat général dans la marche des sociétés se justifie,
ou du moins se laisse saisir comme détail dans l'a-
nalyse.

Ainsi pendant long-temps les nations ont été gouver-
nées par l'aristocratie, et ce gouvernement était le produit d'un consentement tacite en vertu d'un besoin de
nature ou sous l'impulsion de la force des choses, cette
loi souveraine.

L'aristocratie dégénère par les jouissances dans
l'exercice du pouvoir, et la classe moyenne progresse
par l'austérité dans le travail ; ces deux marches dans
un sens opposé diminuent insensiblement la distance
qui sépare les deux classes, amènent entre elles un
antagonisme réel. Bientôt le désir de l'égalité se fait
sentir de la part de la classe moyenne, puis ensuite le
besoin de la suprématie y succède à mesure que les
intervalles franchis sont plus grands et les empiétements
plus réalisables.

Cette classe entame dans l'esprit des masses la con-
sidération morale de l'aristocratie en la décriant outre

mesure, en lui prêtant les pensées les moins progressives. Elle arrive peu à peu à consommer sa ruine dans l'ordre moral; puis, après, elle atteint sa puissance matérielle à la source de ses richesses en démentelant sa force territoriale, et elle finit par dominer sur toute la ligne, car si elle exerce une action puissante sur le sol, elle en exerce une plus puissante encore sur les esprits.

Mais, subissant les lois de l'humanité, elle exagère sa puissance; elle consomme en quelques années un siècle d'influence; elle ne calcule pas avec l'enivrement de la victoire; elle se laisse aller à la séduction de l'abus, et elle est tout étonnée de se trouver un jour face à face avec le peuple.

Ce peuple qui a vu ces conquêtes de la bourgeoisie et qui a su les comprendre mieux que celle-ci ne le croit, sous quelle influence vit-il depuis long-temps, et plus particulièrement depuis vingt ans ? Il vit en face d'une masse trop grande d'individus qui, par leur exemple, et sans le vouloir peut-être, lui ont appris à rire de ce qui faisait l'objet de sa vénération.

Sous cette influence funeste qui marche vite, comme marche toujours le mal, il s'est éloigné peu à peu de l'innocence et de ses joies de la foi et de ses espérances ; en présence de son labeur pénible de chaque jour l'autre vie ne lui apparaît plus qu'à travers un brouillard insaisissable, si elle ne lui semble pas une déception habile pour tromper ses souffrances.

Alors, en face de ces conditions du travail, partage de la vie terrestre, conditions bien plus pénibles pour lui que pour ceux que la fortune a favorisés ; en face de cette fièvre de lucre, de cette soif de jouissances, de ce besoin de posséder qui s'empare de tous ; en face de cette âpreté maladive qui demande à quelques années de spéculation ce qui n'était dû autrefois qu'à une vie entière passée dans les travaux, est-il étonnant que ses irritations soient plus grandes, sa soif plus ardente, et que sa vie lui paraisse plus amère ?

Vous avez devant lui relégué la religion et la vie future dans les naïves croyances du jeune âge ou dans le radotage d'une vieillesse affaiblie ; vous ne lui avez montré la matière que comme une source intarissable de jouissances infinies, l'esprit que comme l'agent le plus actif pour s'en rendre maître ; vous lui avez donné l'exemple du succès dans cette carrière : dès lors, il veut vous y suivre et il vous y suit avec l'ardeur de ses passions surexcitées, avec l'arriéré de ses souffrances, avec l'allure fébrile d'un tard venu ; sa marche ne peut être qu'impérieuse, logique, persistante, si vous ne vous hâtez par votre exemple de lui montrer les conditions de moralité et de modération qui doivent être un frein à cette course sans limites.

Si vous ne le rappelez toujours par votre exemple à la vertu qui soutient, à l'espoir d'une autre vie qui console et rend patient dans celle-ci, vous aurez beau prêcher l'ordre et tonner contre le socialisme, vous en serez l'agent le plus involontaire, mais le plus actif : alors contre cet appétit matériel qui ne fera qu'augmenter, il ne vous restera d'autres ressources qu'une forêt de bayonnettes toujours croisées, jusqu'au jour où la conséquence extrême de cette excitation continue placera des bêtes féroces en face d'hommes civilisés par l'esprit, mais corrompus par le cœur.

Si j'ai su, à la faveur de cet examen rapide, saisir le

vrai sens de la révolution de février dans sa signification politique et dans ses conséquences sociales, il deviendra plus facile de trouver le terrain véritable sur
lequel on devait se placer, d'indiquer la fausse direction
qui a été suivie.

Etait-ce comprendre l'erreur sous laquelle succom-
bait le dernier règne que de montrer une stupeur et un
étonnement pareils à la stupeur et à l'étonnement de
ses partisans alors aveuglés, de s'associer à leurs cris
de colère et de réaction d'une manière aussi intime, de
s'enrôler d'une façon aussi absolue dans ce grand parti
de l'ordre, sans mettre de suite en avant les idées fon-
damentales qui permettaient d'inscrire ce titre sur sa
bannière ?

Etait-ce rester dans les conditions produites par cette
révolution que de venir emboîter le pas derrière cette
masse d'intérêts froissés, sans se réserver la part légitime d'influence que dix-huit ans d'opposition et d'avertissements avaient fait conquérir ? Etait-ce rester sur ce
champ de bataille au vrai rang que la nature des choses avait assigné, et dans une position ainsi comprise

pouvait-on prétendre à une prédication intelligible et attractive ?

Mais, dira-t-on, il y avait avant tout une anarchie matérielle à combattre, un danger immédiat à repousser, et ce n'était pas le moment de demander à chacun une profession de foi. Non sans doute, le poste de tous ceux qui voulaient lutter contre ce torrent déchaîné était sur la place publique et dans la rue, et c'était pour tous un devoir de s'y rendre. Mais l'union matérielle dans la résistance ne réservait-elle pas la liberté morale de chacun dans la presse, à la tribune, dans tous les centres d'action politique ?

Etait-on obligé de laisser croire ou de dire soi-même que la veille tout était pour le mieux ? N'était-ce pas un moment solennel pour faire toucher la plaie du doigt, et ne devait-on pas, dans l'intérêt même des deshérités du moment, s'emparer de la direction morale, qu'ils ne songeaient guère à disputer à cette heure.

En faisant ainsi cause commune avec leurs passions et leurs regrets, on a fini par laisser présenter la situation comme le comble du désastre succédant au comble de la prospérité, au lieu de montrer le lendemain comme la conséquence fatalement logique de la veille, et cette fausse appréciation avait une portée immense.

Cette opinion était naturelle de la part des amis du dernier gouvernement, et constituait pour eux une illusion honorable; mais c'était à vous qu'il appartenait de ne pas laisser cette croyance partielle passer à l'état de foi publique.

Il n'en fallait pas davantage pour compromettre toute bonne solution, pour empêcher toute éducation expérimentale de se faire dans le pays, et pour amener la situation flottante et indécise dans laquelle nous végétons depuis trois ans.

Le moment opportun pour entraîner ceux que la surprise et le sentiment d'une défaite récente auraient rendus influençables étant perdu, ces derniers, en voyant l'anarchie réprimée, en voyant le peu d'initiative du parti légitimiste, sont revenus à l'espoir et ont repris toutes leurs illusions.

Et c'est après les avoir entretenus pendant trois ans dans une fausse direction, c'est après les y avoir suivis à certains égards, qu'on est étonné qu'ils ne viennent pas aujourd'hui abdiquer toute prétention dans les mains de ceux qui, pouvant être à la tête du mouvement, se sont laissé remorquer par lui. N'est-ce donc pas le comble de l'aveuglement! Mais, dira-t-on encore, ils ne réussiront pas, et la victoire est loin de leur appartenir. D'accord, et je l'espère bien ainsi; mais les souffrances se prolongeront, mais toute solution sera entravée, mais toutes les espérances, exaltées de nouveau, raviveront toutes les inimitiés. Les faits d'ailleurs parlent assez haut, et besoin n'est pas de les indiquer pour les faire toucher du doigt.

Il y a bien d'autres objections, car jamais les raisons ne manquent. Allons donc au devant d'une de celles qui viendraient à se produire.

Est-ce qu'il pouvait être question de poursuivre le triomphe de son principe, lorsque toutes les forces du parti de l'ordre n'étaient pas trop grandes pour conju-

rer le nuage qui menaçait et qui peut-être encore écla-
tera sur nos têtes?

Mais alors, pourrait-on répondre, vous avez été bien
aveugles ou bien inconséquents si vous ne distinguiez
pas avant février ce nuage à l'horizon. Depuis dix-huit
ans vous disiez que ce gouvernement, vicié à sa base,
engendrait des conséquences fatalement révolutionnaires, et le jour où l'événement est venu faire de vos
avertissements une prophétie éclatante, vous renonce-
riez à poursuivre sans relâche, dans l'intérêt de votre
pays, le triomphe de ce que vous croyez une vérité!
pour cause de danger social plus immédiat, et en face
de ce danger, vous accepteriez comme préservatifs et
à titre de baux plus ou moins longs tous les expédients
qui se présenteront, après les avoir stigmatisés pendant
tout un règne, et vous feriez de ces expédients succes-
sifs un toit protecteur pour mettre la société et vous à
l'abri!

Mais alors, s'il en était ainsi, il faudrait demander
pardon à Dieu et aux hommes d'avoir sous ce règne
préconisé le principe héréditaire contre le fait de l'u-

surpation, car, après tout, la tranquillité matérielle de ce fait et pendant long-temps sa force vous garantis-saient, mieux et à moins de frais que l'état présent, de l'avalanche du socialisme.

A cette époque, vous le voyiez ce qu'il était, la cause engendrant l'anarchie, et non le rempart élevé contre ses débordements. Il fallait donc, après la catastrophe, chercher une soupape de sûreté à cette machine sociale qui menaçait de voler en éclats, dans l'espoir loyale-ment suscité d'une nouvelle ère de gouvernement, d'un retour aux antiques franchises de la nation, et d'une séparation profonde avec les traditions erro-nées sous lesquelles nous vivions depuis tant d'an-nées.

Cette action dans la sphère politique n'entravait pas la résistance collective dans la rue, et, le jour du succès dans ces rues, il restait au moins après le combat un point d'espoir et de consolation, au lieu d'un problème toujours tendu et marquant le pas sans marcher à une solution.

Nous cherchons à avancer dans notre tâche sans tomber dans des longueurs qui dépasseraient le but de cet écrit; mais nous n'avons pas épuisé encore la liste des objections, et même il faut redoubler ici de franchise.

Nous devons ajouter que nous cessons de nous adresser particulièrement aux légitimistes,

Est-ce que vous en êtes encore aux idées libérales? diront certains individus; est-ce que vous ne voyez pas que le pays est fatigué de toutes ces secousses continuelles; qu'il demande avant tout à rentrer dans le repos, à renoncer à ces chimères qui entravent le majestueux développement d'un peuple dans sa vie politique?

Non je ne vois pas cela, et par plus d'une raison.

D'abord moi, et bien d'autres avec moi, nous ne renoncerons pas à des idées de liberté que nous portons depuis vingt ans, idées auxquelles nous sommes sincèrement attachés, parce qu'une difficulté surgit sur la route, et les conséquences désastreuses d'une licence révolutionnaire ne nous dégoûteront pas d'une liberté juste et légitime.

Ensuite un peuple peut revenir et revient sur ses pas, quand, dans l'ardeur de ses désirs et sous l'influence de prédications incendiaires, il a outrepassé le but; mais un peuple ne remonte pas le cours des siècles, il ne travaille pas à ses risques et périls à poursuivre des âges entiers la liberté, pour s'établir dans le despotisme et s'y déclarer satisfait.

Il peut, comme châtiment et en expiation de ses excès, subir accidentellement cette période de honte et d'oppression, mais il n'entre pas sous de tels auspices dans une vie normale et régulière. Ce n'est surtout pas un gouvernement légitime qui se charge d'un tel méssage et qui a la puissance de l'accomplir; c'est un fait révolutionnaire devenu homme qui est le traducteur impitoyable de cette phase déplorable.

Libre à vous, diront bien des gens, de redouter cette forme de gouvernement. Ce ne serait pas, quant à nous, celle de notre choix; mais dans des temps comme

les nôtres mieux vaut la main ferme d'un dictateur,
alors même qu'il ferait un peu trop résonner sa botte
éperonnée, que le règne des bavards et des avocats.

Je n'ai pas mission de défendre messieurs les avocats, qui se défendent assez bien eux-mêmes, et d'ailleurs je crois leur règne fort avancé, parce qu'il faudra
bien un jour ou l'autre que les faits résument les paroles;
mais je ne vois rien qui s'oppose à ce qu'un général
parle aussi bien qu'un avocat, ce phénomène s'est déjà rencontré, et quand il parle aussi bien il a chance
d'être mieux écouté.

Je conviens que les avocats sont nombreux, et que
plusieurs ne sont pas sans ambition; mais je vois aussi
un certain nombre de généraux, à peu près égaux en
mérite et en influence, qui, heureusement pour la gloire
de la France, ne songent pas tous à abdiquer comme
Charles-Quint, et à entrer comme lui dans un couvent,
en sorte que votre dictateur de prédilection ne sera
peut-être pas aussi facile à trouver que vous le pensez,
car je vois beaucoup de lieutenants d'Alexandre, mais
si Alexandre existe, personne ne le connaît encore.

Je ne dis pas que les partisans de l'absolutisme ne rencontreront pas la phase objet de leurs désirs. A voir comment vont les choses, elle est possible, j'allais dire probable, et elle peut devenir fatalement nécessaire.

Mais ce que moi, simple particulier, je ne crains pas de prédire, c'est que cette phase sera digne de son nom et du sens qu'il comporte, car elle ne finira rien, et qui plus est ne préparera rien. Elle sera tout au plus utile à ceux qui, ne comptant plus que sur dix années d'existence, préféreront renoncer au droit d'avoir une pensée, pour ne pas être effrayés de celle de leur voisin; mais le jour où la compression finira, car tout finit en ce monde, ceux qui seront encore à l'heure de la réaction verront quelle sera son élasticité, si le pays n'est pas appelé avant à mourir de sa meurtrissure.

La solution qui convient à un grand peuple comme la France n'est pas plus la licence de la parole que le silence du mutisme; son dernier mot ne se trouve pas plus dans la manche d'une robe d'avocat que dans le sabre d'un général illustre, il se trouve dans son génie national grandement compris et glorieusement traduit;

c'est celui de ces deux hommes qui sait le mieux le comprendre qui, en l'absence d'un gouvernement normal et régulier, parvient quelquefois à saisir momentanément les rênes de l'état, pour l'éloigner ou le rapprocher du port, suivant qu'il écoute la voix de sa conscience ou celle de son ambition.

Après cette digression sur le pouvoir dictatorial, digression qui s'adresse aux partis qui pourraient rêver une solution pareille, il est temps de revenir à notre première thèse, qui est l'objet plus particulier de cet écrit.

Il est très facile, dira-t-on, d'établir en théorie qu'on doit s'appuyer sur l'élément populaire, et ne pas laisser l'influence dominante à la classe moyenne ; mais arrivez donc à la pratique, et vous verrez quelle sera la difficulté pour préparer le succès, et combien elle sera plus grande encore le lendemain de la victoire, si par impossible vous l'obtenez.

Est-ce que le peuple est en état de gouverner lui-même, et oserez-vous, de bonne foi, soutenir une pareille idée ? Si donc vous renoncez au peuple comme agent direct du gouvernement, prétendrez-vous trouver dans ce qui constitue le parti légitimiste, composé d'hommes deshabitués depuis long - temps des affaires, les éléments de direction dont vous avez besoin ? Et alors même qu'en suivant votre système on arriverait à une restauration (ce que nous contestons formellement), on serait bien avancé, lorsqu'on ne trouverait pas les hommes nécessaires pour la faire marcher.

Je pose moi-même cette objection, parce que je ne doute pas qu'elle ne fût faite.

Mais je sais aussi qu'en ayant cette pensée on serait dans une erreur profonde.

On doit aimer le peuple et travailler à son bonheur, mais jamais on ne doit le flatter. Dans les temps où il est faible, le flatter serait une action nuisible à ses intérêts ; dans les temps où il est fort, ce serait une bassesse sans profit pour lui et pour ceux qui s'en rendraient coupables.

Mais le vrai peuple ne songe pas à gouverner par ses propres mains, il veut choisir ses mandataires, afin qu'on ne néglige pas ses intérêts. Il sait que dans son sein, comme ailleurs, il peut surgir une capacité réelle qui, avec les conditions de l'éducation et de la science, doit arriver aux premiers emplois; mais il sait bien aussi que la plupart des membres qui le composent sont des hommes d'un labeur pénible et journalier, qui, par la décomposition même de leur vie, ne peuvent prétendre à tenir le timon de l'état.

Puis ensuite, dirons-nous, qui a le droit de penser qu'un parti resté presque en entier éloigné des emplois publics pendant vingt ans se sente tout à coup le besoin de monopoliser en lui les faveurs et les places? Quelle est la fraction du pays qui du haut de son abnégation et de sa sobriété aura le privilége de lui prêter avec justice une ambition et une convoitise supérieures à celles des autres partis politiques? N'y a-t-il pas au contraire dans son sein des conditions d'indépendance qui éloignent plusieurs de ses membres d'un désir de cette nature, et les sacrifices ne sont-ils pas pour eux une habitude déjà ancienne?

Qui est-ce qui refuse à la classe moyenne les lumières, l'habitude du travail, la persévérance et l'activité ? Chacun sait que par la force des choses, que par une loi de justice, que par la somme de capacité qu'elle peut offrir, une large part lui est nécessairement acquise dans ce contingent si envié et pourtant si redoutable.

Là n'est pas la question ; il ne s'agit pas d'exclure les individus, il s'agit d'exercer une influence salutaire sur le milieu dans lequel ils se meuvent, il s'agit de modifier leurs idées, de leur faire sentir la nécessité d'une base gouvernementale solide ; il s'agit enfin de leur faire comprendre qu'il y a un sentiment de justice, un vrai progrès social, à gouverner dans le sens des intérêts d'une classe privée plus que toute autre, par la disposition de sa vie, de toute action directe sur la marche des affaires. Il faut les amener à sentir qu'il y a un tort grave, ou tout au moins une grande imperfection, à vouloir agir dans le sens d'un intérêt trop absolu de la classe à laquelle on appartient ; que, si ce reproche a été autrefois adressé avec plus ou moins de vérité à la noblesse, ils se sont bien chargés eux-mêmes de lui faire expier cette erreur, et qu'ils se sont rendus coupables aussi à leur tour de cette faute qui avait rencontré en eux des juges si sévères.

Il faut les amener à comprendre qu'aujourd'hui, où il n'existe plus réellement de classes différentes, où ces mots ne sont plus employés que par un reste d'habitude et pour faciliter l'intelligence du discours, les hommes de savoir, d'indépendance et de capacité doivent, quelle que soit d'ailleurs leur origine, s'unir dans un but commun d'efforts pour le bien-être général, et trouver un terrain fécond qui vienne alimenter et secourir ceux que la Providence a mis dans la position d'avoir un besoin plus particulier d'appui.

S'il en est ainsi, est-ce bien comprendre la mission qui reste à remplir que de s'unir à tous les regrets, à toutes les impressions d'une grande partie des membres de cette fraction puissante? Doit-on les voir sans surprise tonner contre les ardeurs révolutionnaires, alors qu'eux-mêmes continuent à poursuivre des préférences et des fantaisies politiques sans principes et sans raison d'être en face des dangers qui menacent l'ordre social? Et si l'on veut enrayer devant la nouvelle étape anarchique qui s'annonce, ne faut-il par leur faire voir que la première qu'il nous a été donné de fournir est leur œuvre ?

En dépit de l'attitude menaçante du peuple ou de ceux qui parlaient en son nom, ne pouvait-on concevoir une manière honorable et digne de lui réserver ce que semblait indiquer la justice, ce que réclamait la marche des temps ? Devait-on renoncer à ses pensées intimes de liberté, ou du moins les laisser absorber dans l'entraînement de la réaction, pour tâcher d'amener à composition ceux qui n'y veulent pas venir ? Mais la transaction, elle était alors et elle est encore aujourd'hui dans les intérêts nettement indiqués, clairement déduits ; elle ne sortira pas des séductions personnelles ou des procédés individuels.

Une question sociale ne se tranche point par des coquetteries réciproques ; elle se vide par la part largement faite aux droits de chacun.

La bourgeoisie n'a plus voulu que la noblesse dominât par ses souvenirs. Je ne suis pas compétent pour la blâmer ou pour l'absoudre ; mais elle a réussi, voilà le fait.

Pourquoi voudrait-elle à son tour dominer par un des éléments quelconques de sa force? Elle en a de nombreux, mais elle n'a cependant pas tout absorbé. Il faut à présent une action collective, et non plus une prédominance spéciale; et si la force des choses, si les lois de la nature engendrent encore une influence supérieure, il ne faut pas qu'elle ait été préparée d'avance et systématiquement organisée; elle ne doit avoir que le noble champ de la concurrence à armes égales. Là seulement réside la vraie transaction, le résultat important à poursuivre; sans cela, c'est aujourd'hui la victoire de l'un, demain la victoire de l'autre, et la vie d'une nation ne peut s'arranger de ces revirements continuels.

Après avoir abordé tous ces détails, après avoir insisté sur leurs conséquences, en courant la chance de répéter les mêmes choses, avons-nous besoin de venir, pour éclaircir la question, reconstruire le travail que fait chaque matin la presse depuis trois ans et d'indiquer une à une toutes les circonstances où l'on est entré dans des voies fâcheuses? Tout le monde sait maintenant à quoi s'en tenir, et nous ne pensons pas que ce travail, qui serait fastidieux, soit nécessaire.

Mais en admettant qu'on nous accordât que sur plusieurs points nous avons raison (hypothèse, par parenthèse, fort contestable), que plusieurs fautes ont été commises, plusieurs choses négligées, on nous répondrait sans doute par cet argument si souvent employé dans ce monde, par fatigue ou par amour-propre : Il est trop tard maintenant, à quoi bon revenir sur le passé, et soulever des récriminatious au moment même où peut être on allait s'entendre.

A cela, nous dirons que d'abord nous ne sommes pas initiés aux secrets de la diplomatie des partis, que nous croyons peu à son efficacité, qu'en tous cas, nous ne sommes pas obligés de deviner ce qui ne s'accuse par aucun symptôme extérieur ; nous dirons de plus que jamais il n'est trop tard pour revenir d'un système funeste, et que rien n'est plus *grand* dans ce monde, après l'infaillibilité, qu'une erreur noblement reconnue.

Allons plus loin , supposons que ce système qui nous paraît mauvais , en vertu peut-être de notre aveuglement (et Dieu veuille que l'erreur vienne de nous !) renferme les éléments d'une restauration même prochaine.

Est-ce que cela suffit à Henri V? est-ce que cela suffit aux légitimistes? est-ce que cela surtout suffit à la France? Concevez-vous quelque chose de plus poignant pour le cœur de ce prince et pour celui des légitimistes, de plus malheureux pour le pays, que la légitimité restant impuissante à fermer ses plaies? Et cependant, c'est ce qui pourrait arriver si ce principe ne se développait pas dans ses conditions de vie et de durée.

Que me ferait, malgré l'ardeur de mes désirs, de vous voir me montrer la porte par laquelle le fils de nos rois rentrerait dans la capitale, si votre système ne m'inspire pas la confiance que toutes ces portes se refermeraient à jamais sur lui pour ne plus s'ouvrir une fois qu'il serait rentré?

Quel serait le résultat dans un pays à la croyance si

incertaine, à la foi si chancelante, au sourire si railleur, si la page de la restauration n'était que la continuation de ce qui l'aurait précédée, avec une signature légale de plus au bas de cette page ?

Quel malheur s'il n'en ressortait pas en bien-être, en justice, en perfectionnement, une amélioration qui se fît sentir d'un bout à l'autre de la France !

Non pas à coup sûr que nous prétendions qu'ici-bas en général, et en particulier dans un pays visité aussi souvent que le nôtre par les bouleversements, on puisse rêver et surtout annoncer une perfection absolue. Le rêver serait une naïveté, l'annoncer serait une infâmie, car je ne sache rien de plus immoral que ces promesses chimériques par lesquelles d'ailleurs on est promptement établi en flagrant délit d'imposture.

Mais enfin dans de telles conditions on pourrait être légitimiste de tradition et de sentiment, mais on ne saurait l'être officiellement, et dans la vie publique, si on ne croyait pas que le principe héréditaire renfermât des conditions de bonheur et de stabilité qu'aucun autre système ne pourrait offrir. Et cependant, c'est ce qui arriverait si ses développements ultérieurs étaient compromis par un faux point de départ. Mais, dira-t-on, il faut en finir, et c'est déjà beaucoup trop si vous n'avez que des plaintes à faire entendre, des accusations à dresser, sans apporter un seul remède.

Eh! mon Dieu, je ne suis ni un homme de génie, ni un charlatan, pour avoir un remède personnel à donner; mais je crois que ce remède existe et qu'il est bien simple. Le malade ne guérira peut-être pas, car, s'il y a des gens qui meurent pour n'avoir pas voulu se soigner, il y a des nations qui périssent par le même entêtement; mais pour les hommes et pour les nations c'est l'exception, et le suicide, tout en ayant fait des progrès, n'est pas encore devenu l'état normal d'un pays.

Il est en ce moment une question qui occupe tous les esprits et dont je ne disputerai certes pas la grave importance et la portée possible sur les événements ultérieurs, je veux parler de l'élection du président de la République.

Je pourrais comme un autre mettre un candidat en avant, puisque chacun a le sien, ce qui promet un résultat touchant par son unité. Eh bien! ce n'est pas cependant cette élection qui m'occupe le plus à cette heure, car il y a une chose dont je suis sûr, c'est que le président sera un homme, et qu'à mon sens la question ne sera pas tranchée par un homme. Ce qui la tranchera, si elle doit l'être, ce sera un principe fécondant substitué à un principe révolutionnaire et subversif.

Vous n'aurez pas seulement un président à élire, vous aurez encore une chambre à nommer: voilà où pour moi est le nœud, sinon certain, du moins possible, de la question.

Abordez les comices, faites-y des déclarations nettes, franches et sans ambages; placez-vous fermement sur un terrain national, n'ayez aucune exclusion pour les hommes, soyez inébranlables sur les principes qui, selon vous, portent avec eux le salut de la France. Dites sans faiblesse comme sans flatterie au peuple ce que vous voulez pour lui, ce que vous croyez bon pour ses intérêts, ce que vous jugez y être nuisible. Entrez pleinement dans l'intelligence de la question sociale ; montrez les points qu'il faut atteindre, ceux qu'il faut écarter, et réparez les omissions que vous ont fait commettre ces trois années si lourdes et si difficiles pour tous.

Si, malgré cette attitude prise solennellement à la face du pays, le peuple, livré à d'autres conseils, subit d'autres influences et refuse de marcher avec vous dans la voie que vous lui aurez indiquée, vous aurez au moins le sentiment d'avoir accompli un devoir, et vous irez prendre votre rang à la chaîne et votre place à la pompe, s'il y a un incendie à éteindre, et vous n'aurez pas à vous reprocher de l'avoir allumé. Si au contraire le peuple vous comprend, ce qui est sûr, et s'il vous approuve, ce qui serait possible, vous verrez alors quelle sera la force du mouvement qui vous portera, vous verrez aussi de quel poids pèseront dans les destinées de la France les roueries et les habiletés des grands politiques, vous verrez même ce que deviendra la volonté ambitieuse d'un président de la République.

Cette brochure était déjà livrée à l'impression lorsque s'est produit l'incident politique qui fixe à cette heure l'attention générale.

Aux imperfections qu'elle renferme sans doute viendra donc se joindre une circonstance défavorable, celle de paraître au moment où l'esprit public est arrêté sur un point net et précis.

Cependant, si les aperçus généraux qui sont l'objet de ce travail rapide ne sont pas dépourvus de justesse et de vérité, cette vérité et cette justesse ne sauraient être altérées par la phase nouvelle dans laquelle nous entrons.

Cette phase peut paraître imprévue dans sa forme, et surtout dans son individualité; mais elle appartenait en germe aux possibilités de la situation.

Dans les époques anormales et irrégulières, lorsque le concours du plus grand nombre ne suffit pas à résoudre les questions soulevées par la difficulté des temps, les lacunes de cette tâche inachevée servent toujours de prétexte aux tentatives, si ce n'est à l'action d'un seul.

La modification survenue dans la situation politique est un de ces mille incidents encadrés entre un point de départ connu et désormais invariable et une solution définitive que chacun prévoit et désire à sa manière, et dont probablement personne n'entravera le déroulement logique.

Plus les incidents se pressent, plus les actions de l'imprévu semblent hausser, plus, ce me semble, il devient nécessaire de chercher à comprendre le dernier mot de cette révolution : car un pays comme la France ne peut rester indéfiniment en études et en expériences, il lui faut une conclusion.

1148 — Paris. Imprimerie Guiraudet et Jouaust, rue Saint-Honoré, 338.